영혼의 꽃

조성언 시집

영혼의 꽃

초판 인쇄 / 2012년 8월 25일
3판 발행 / 2012년 11월 15일

지은이 / 조성언
펴낸이 / 김경옥
편집 / 이진만 염민정
펴낸곳 / 도서출판 온북스
등록번호 / 제 312-2003-000042호
등록년월일 / 2003년 8월 14일
주소 / 서울특별시 종로구 관수동 154-1
전화 / 02) 303-0762, 2273-4602
팩스 / 02) 303-2010, 2274-4602
전자우편 / bjs4602@hanmail.net
값 8,000원

ISBN 978-89-92364-67-6(03810)
* 잘못된 책은 바꾸어 드립니다.

영혼의 꽃

조성언 시집

온북스
onbooks

시집을 내면서…

사함이 없는 깨끗한 생각(思無邪)

수많은 말과 용어를 찾아내는 창작(創作)의 세계에 뛰어들어 부족하기 그지없는 시문을 出時 하고자하니 새색시보다도 더 얼굴색이 빨개지는 느낌을 부인할 수가 없습니다.

그럼에도 불구하고 시집을 내는 것은 늘 배우고자 하는 뜨거운 열정과 문학 속에 지성의 공간 안에서 많은 시를 접하면서 감동과 신비를 느끼며 나의 시속에서도 때론 눈시울이 뜨거워지며 희열이 느껴짐을 자주 체험해 보고 싶은 감성과 영성에서입니다.

그리고 “네 시작은 미약하나 네 나중은 심히 창대하리라” 하신 진리의 말씀을 믿으며 시창작의 진력을 다하려 합니다.

우리의 인생은 잠속에 꿈만 같고 잠시 있다 없어지는 아침안개와 같으며 지나가는 나그네와 같은 짧은 인생여정에 창조주께서 미리 뿌려놓으신 시속에서의 보물을 찾고자 합니다.

나는 하나님께서 배당하여 주신 시간 안에서 훌륭하신 〈국제문예〉 문인들과 문예창작활동을 함께 하면서 석양노을의 아름다움과 같이 향기 물씬 풍기는 아름다운 시인이 되고자 합니다.

끝으로 본 시집을 내도록 권면하여 주신 배용파 발행인과 조관연 시인님께 깊은 감사를 드리며 기꺼이 해설을 맡아주신 박해수 박사님께 진심으로 고마움을 표합니다. 특히 20년간 끊임없이 수필과 시를 지도하여 주신 새문안교회 안재찬 새시향 지도강사님께 두손 모아 감사를 드립니다.

2012년 8월

조성연

차례

쏟아진 기쁨

꽃방축제

결혼기념일 _수필

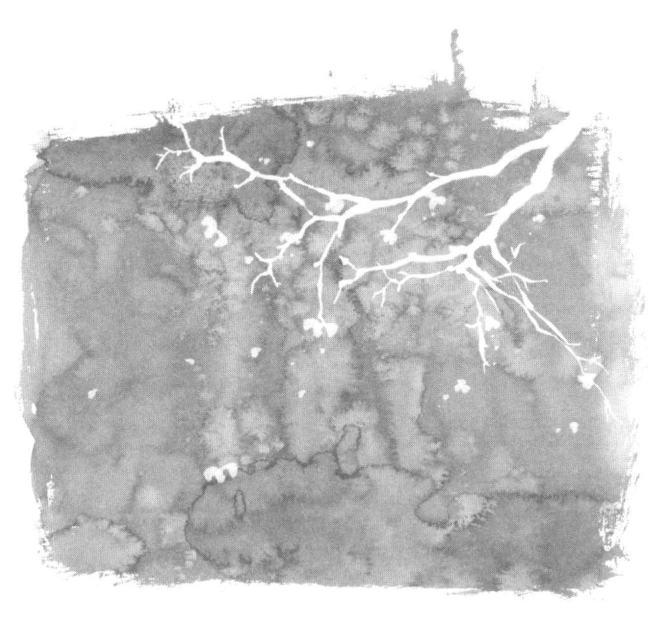

쏟아진 기쁨

설레임

작사 : 조성언
작곡 : 김상기

설레임

보고 싶었다
듣고 싶었다
가고 싶었다

성령이 내린 그곳에

동녘이 붉게 타오를 무렵
나는 왠지 그곳에 끌린다

이천년 하루같이 흐르는 강
진리의 강
지금도 내 몸속 핏줄로 흘러
어느날 자서전을 엮어낼 일기를 적게 해주는

여기 눈망울 맑은 영혼들
보혈의 피로 새 몸 입어
나라에 부요를 심어주고 어둠을 밝혀주어
누리에 푸르른 깃발 펄럭이게 해준다

그 이름 오래
그리고 널리 빛날
당신이 계시는 곳으로

그 곳에 나는 간다

구별된 빛의 사자들

옛적 남산 자락에
둥지를 틀었다.
아브라함의 후예들,

성령의 씨앗 뿌려
믿음의 나무로 울울창창하고
바울의 뜻을 좇아
온 누리에서 몰려온 아볼로들
땀과 눈물 섞어
하늘문 여니 그 빛이 눈부시다.

밤과 낮이 피고 지고 돌고 돌아
800주간 진리가 수북이 쌓이고 쌓여
죽었던 생명들 살아나니
선열들 하늘나라에서
미소 짓고 있네.

오늘, 남녀가 짝을 이루어
천국잔치 열리고 구별된 공간이 눈부신 것은
얼굴없는 능력의 힘 그분이
슬며시 내려준 하늘의 큰 선물이다.

긴 터널 지나며 남긴 것

광음이 지나간다.
구름같이 번개같이

봄 여름 가을 겨울
화창한 날 어여쁜 꽃도 살을 에이는 하얀 눈도
한순간에 지고 순식간에 녹는다.

소음 소리도 음악 소리도 지나가고
천둥번개 숲속의 물소리 새소리도
바람과 손잡고 귓가를 스쳐간다.

해와 달도 돌면서 낮과 밤을 만들며
추억을 남기고 아쉬움의 뒤안길로
그리움도 미움도 지나간다.

사모했던 님도 미워했던 그분
말없이 미련만 남겨놓고
세월속에 묻혀 아득한데

오직 남은 것 나의 기쁨 나의 소망 되신 생명의 주인
광명의 곳으로 손잡고 길동무 해주신다.

넥타이 연가

언젠가(37년 13,505일 324,120시간)
전 예정가운데 미리 정하시고
나와 평생 동반자로 묶어 걸음하게 하신
귀한 그분께 머리 숙여 감사드린다.

월셋방 살 때부터
고난도 기쁨도 함께한 사랑스런 너.
나의 삶에 일부가 되어 생사고락도 같이 하니
융통성 없고 우둔한 나와
어찌도 그리 닮았는고.
때로는 글로벌 시대에 맞게
세계 여러 사람들과도 만나게 되고,
아름다운 추억도 있었지.
연약한 우린
필연적인 만남이 되어 하나가 되었네.
힘을 모아 뜻을 모아주기도 하고
나누기도 함께 하니 마음 뿌듯하구나.

너를 만든 나를
아무리 무시하고 비웃는다 한들

네가 나를 배신 않고
내가 너를 사랑하는데
그 어둠이 우릴 어찌하겠느냐.
우리 함께 비웃는 그들을 저주말고
축복 기도 하며 하나님께 맡기자.

남성의 멋, 드러냄을 매무새 되어주는 너.
흐트러진 남자를 단정하게 다듬고
포인트를 주는 넥타이.
남성의 품격을 더해주고, 높여주는 멋스러운 너.
지성과 감성을 더해주는 격조있는 보석 같은 너.
인격있는 신사의 가장 좋은 악세서리고 럭셔리한
보화중의 보화.

사랑스런 나의 멋쟁이.
뒤돌아보니 자기 없었으면 나는 어땠을까?
너무 큰 자동차였다면
그 누구에게도 주기가 어렸웠을거고
값비싼 다이아몬드나
금과 은이었다 해도 못 줬을거야.

참으로 너와 나는 작은 마음 아름다운 마음
어쩜 천생연분인걸.
과거도 아름다운 너와 나의 추억.
현재도 항상 즐겁고 기쁘게
미소지며 위를 바라보자.
미래도 너와 나는 이혼하지 않고
꿈꾸며 행복 만들거야.
언제나 우리 힘을 모아,
주고 또 주고 또 퍼주고
십자가 자랑만 하자꾸나.
하나님 닮은 인격 되어
하늘나라에 소망품고
착하고 충성된 종이 되어
믿음의 알곡 되어보세.
보이지 않는 곳에서
우리와 늘 옆에서 도우시는 고엘의 하나님께
목숨 바쳐 생명 바쳐 죽도록 충성하세.

능력의 힘

얼굴 없는 능력의 힘은
영원 속에서 세월의 번개바퀴를 굴려
우주공간을 두루 살피다
국제문예에 자리 잡고
샤론의 꽃 활짝 핀 향연을 벌렸네.

성령의 힘
초능력의 힘

보이지 않는 그 힘은
모두가 당신의 것이네.

섭리

태어남이 죽음이요.
죽음안고 태어났다

태양솟아 밝아왔고
꿈을안고 태어났네

목적안고 땀흘리며
고통고난 동반하여
힘든통로 통과하니

걱정근심 지나가고
축복열매 가득하다

순종하며 선물받고
웃음가득 춤이됐네

탄생죽음 하나이요

목적과정 슬픔기쁨
실패성공 하나임을
알고보니 섭리로다

고난중에 기뻐하고
주님자녀 열심후에
석양노을 아름답다

승리한후 겸손하자

만남

광대하고 늘 푸른 창공
광명한 햇빛
오묘한 달과 별
산천초목 땅과 바다
그리고 새문안 수양관

아름다운 풍경화로 색칠하였다.

여기에 당신과 나
우리 만남은 우연이 아니었어
샤론의 꽃 피울 꿈꾸며 하나 되었네.

스물여섯해 동안
기쁨도 아픔도 함께 걸어와
품은 꿈 날갯짓 하며 또 걷는다.

기도 성산에 올라
감추인 은사 터쳐내 향기 풍길때
코와 혀가 반기며 미소 띄운다.

예수의 피 끓는 한 마음으로
여호와 닛시의 깃발 펄럭이며
복음을 뻗친다.

시온성 찬가

십자가 상의 심장이 파열된
예수의 피
얼굴묻어 조아린 흔적들
불야성속에 불꽃 피워 올린다.

달려온 말발굽 소리
세종에서 세종으로 뒤덮는 숨소리
천지를 진동하는 함성되어
불빛을 찾아든 나비들
성령의 신비를 몸입고
옛모습 벗는다.

변모된 새 도구로
검게 물든 대지 말갛게 씻어내고

십자가 군병 시온성 올라가
CBMC 깃발 높이들고
호산나 호산나 부르짖어
영원복락 찬양하리.

영혼의 꽃

달리고 싶다.

푸르른 꿈 깃발 들고
이천년 유유히 흐르는 진리의 장막 속으로

영혼을 일깨우는 보혈의 교정
느지막이 펼쳐진 늦깎이 우정
우릴 의좋은 형제로 맞아준다.

섬김의 지팡이 들고
늦은 만남의 타오르는 희망봉으로
달리고 싶다.

주저리 주저리 예수열매 매달린
엘림의 종려나무 쉼터에
찬미가 울려 퍼지는

여기 장신4기의 벗들
영원하라 주님 품속에서.

자연과 인간

우주 안에 바다인가?
만드신 그분은 얼마나 크실까?

자연속에 묻혔던 20대 추억
찬물 마다않고 3주간 매일 적셨던
경포대 푸른 물결.

예순이 훌쩍 넘긴 세월에
지난 날들을 더듬어 본다.

머-언 옛적에도 머-언 훗날에도
자연은 아름다운 추억을 엮어갈 것이다.

젊은이들과 바나나 보트에 올라탔다.

자연에 묻히고
햇빛을 안고 바람을 마시며
파도에 묻혀
바나나 보트에 몸 맡겨 한없이 달린다.

바다 한복판 보트가 뒤집혔다
겁에 질린 20대 젊은이들 울상이다 실제로 운다.

괜찮아 걱정 하지마아 염려 하지마아
구명조끼 예수님 있잖아.

믿음의 경륜이 소리를 질러댄다.
이것이 무용담이 될 줄이야.

자연과 바다 그리고 하나 찬양대원들 한없이 영원하리.

티끌 한점

이천년 전
세상을 붉게 물들인 피 있었네
보혈이 있었네

그 보혈 한 방울
지금 내 몸속에도 흘러
한때 마음속에 도사리고 있던
시기, 질투, 오만, 탐욕덩이
하나하나 꺼내어 녹여버리네

삶의 길을 가다 입은
못끝, 칼끝, 혀끝, 펜끝에서 묻어난
죄악과 상흔
값없이 모두를 지워주는 성령

안개가 가리워 볼 수 없는
권능 앞에, 그 눈에사
나는 티끌 한점
보이지 않겠네

눈물

눈에서 흐르는 물
깊은 곳 사나이 눈에

깊은 산속 감추인 샘
아무도 모를 비밀의 샘

천사가 관리하는
마르지 않는 생수

기도할 때 작동하는 성령의 키
감동의 눈물 흘러내릴때

세상 것 온전히 밝고 맑은
기쁨의 눈물은 예수의 선물.

평화의 주님

평강의 왕 화평의 왕
화목의 천국열쇠 주인에게
무릎꿇고 두 손 모았다.

은밀한 곳에서

선함과 인자하심 관용과 양순
용서와 화해 긍휼과 자비
번개같이 오신 성령

용서로 과거를 청산하며
미래를 향하여 투자하니

하늘양식 아낌없이
국제마당에 구름타고 바람같이
모두 담아 싣고 오셨다.

우리 모두 하나같이 통일되어 한마음 한뜻되니
다툼과 분쟁의 원조 어둠의 영 마귀가
머리숙인 채 얼굴 붉혀 쏜살같이 달아난다.

아! 국제문예 국제문예 이 승리의 깃발
영원히 영원히 휘날리리.

샤론의 꽃

칠흑 같은 흑암 속에서
광음 소리와 함께 우주 만물이 탄생했다.

선한 실체를 품고
7,80년 전 예정된 한알의 씨가 땅에 묻혔다.

세상 온갖 풍파 다 겪으며, 파란 꿈 가득 실은 봉우리
가지마다 파릇파릇 돋아나 무성히 자태를 펼친다.

이곳에, 감추인 하늘의 보석들이
아름다움에 깃들여 반짝반짝 빛을 발한다.

쉰 머리 굽은 허리 굽이굽이 패인 골짜기마다
포근한 온기가 쌓여 생명수로 흘러내린다.

산을 짜 내린 진액 아낌없이 바치고 싶어
오늘도 성산에 숨 가삐 올라
예수의 피 적셔 함성을 토한다.

사랑을 한 움큼 움켜쥔 샤론의 꽃 피워
세세토록 주고픈 마음 가득히, 벌과 나비 기다리며

묻혔던 한 알의 밀알 풍성한 열매로
영원한 부활 생명 영원히 영원히 대를 이어간다.

쏟아진 기쁨

기쁨 덩어리가 쏟아진다
광채를 내며 다가온다

내려온다 젖고 싶다
올라온다 마시고 싶다
솟아오른다 품고 싶다
날아온다 안기고 싶다
쏟아진다 맞고 싶고 받고 싶다

아, 이 기쁨 영원히 품고 싶다.

쏟아진 단비

아득한 밑에서 드높은 하늘에 올려
48년만의 강추위도 20년의 서린 한도
20년 쌓인 변비도 씻어내리니
새살이 돋아나고 새싹이 피어나
맑은 하늘 함박꽃으로 검은 안개 지웠다

나사렛 사람들 모여들어 하늘 잔치 열리니
언약궤를 짊어지고 에봇내린 다윗의 기쁨
질그릇에 담겨 방주되어 떠올라
굽이굽이 생명수 흘러 넘치니
울울창창 생명나무 그늘 아래서
환한 미소가 시온의 꽃으로 만발한다.

역발상

죽어야 살고
버리면 얻어지는 플러스 인생
겸손한 자 복받고
섬겨야 으뜸 되네

의에 굶주리고 목마른 자 복이 있고
고난이 유익이라는
진리의 말씀

황무지에 장미꽃 피고
사막에서 샘물 나는
역발상적인 하늘법

재물의 우상인 세상
허기진 몸
진리의 참빛 받아
사르어지는 촛불되어
어둔땅 빛으로 생명의 길 걷고 싶다.

연출

광대하고 늘 푸른 창공
광명한 햇빛
오묘한 달과 별
그리고 산천초목 땅과 바다

아름다운 풍경화로 색칠하였다

여기에 품은 꿈 가득히 날갯짓 하며
백 스물세 살의 뜨락에 보석같은 눈망울

몰려와 옹기종기 올곧은 파수꾼 되어
세세토록 진리 등대로 샛별같이 반짝인다

예수의 피 끓는 한 마음으로
젊음의 동력 4남, 꽃피우려 꿈틀거린다

줄을 잇는 새 생명들 환하게
승리의 깃발 휘날리며 힘차게 뻗는다.

영혼의 물결

그리웠다 기다렸다

아– 대한민국 끝자락 동백섬
그리고 검푸른 바다 부산

여기에 유유히 흐르는
옛 선조들의 얼이 깃들인 가야의 곳간
하늘양식 주리어 몰려든 조선의 후예들

짜릿하고 달콤한 그 맛 귀로 실컷 먹고
마음 창고에 가드윽하게 쌓아 놓았다

하늘잔치 성령의 꽃 환한 미소 띤 얼굴들
열린 하늘문 쏟아진 단비는 어린양 예수의 피

영혼의 물결 춤추며 출렁인다

아– 영원하라 꺼지지 않는 영혼의 꽃
아– 영원하리 한민족 cbmc

하늘물결 영혼의 물결 영원히 영원히…

人生

어제나 오늘이나 불변의 자연속에서
동녘의 붉은 태양 솟을때 여명이 밝아왔다
희망의 꽃 피울 꿈꾸며 미래를 그려본다.

머나먼 길을 거닐때 먹구름 비바람 불어와
지친 몸 쉼을 주리며 목말라 하였건만

노을녘에 깃들인 아름다움에
십자가 앞에 모든 짐 내려놓고
알곡만 담을 빈 배로 떠있네.

즐거운 공간

지뢰밭과 올무가 즐비한 험한 세상에서
무엇이 우리를 예까지 오게 했는가
웃음꽃 만발한 평안의 공간에
천상의 지휘자 내리시어
기쁨의 노래로 우리 모두 하나 되었네.

말씀의 열매 풍성하게 익어만 가는 여기에
기도와 찬양과 말씀 안에 감추어진
보화를 나누며 평강을 쌓으니
이 아름다운 모습이 천국 공간일세.

축복

작고 좁디 좁은
그릇에
헤일 수 없이 수많은 보화를
하늘에서 쏟아 부으니
넘칠 수밖에…

이 기쁨
해같이 솟아 올라
주고픈 마음 바다만 하니
이 꿈 이루어지기를…

집들이

이 세상 창조전에 계셨고
만물을 지으신 초월적인 능력의 손길.

아주 먼 옛날 기도보다 먼저 있던 그 언약
양을 잡아 문설주에 약속의 피를 흠뻑 적셨다.

무릎 꿇고 쉼 없는 눈물의 기도는
오두막을 걷어내 시온성 하늘의 선물로 쏟아 부으시네.

에스겔강가 생명수 강물은 쉼없이 흐르고
앞 마당에 푸른 숲은 쉼터로 낙원이 되었네.

하늘에 호수를 꽂았더니 보이지 않는 큰 힘이
시시때때로 아낌없는 복을 내리시어.

이곳에 형제자매 불러 모아
천국잔치 베푸니

그 손은
바다보다 더 큰 손일세.

안면도 수목원 꽃동산

누가 심었나 언제 뿌렸나
그늘 만든 적송(홍송) 역사가 흐른다.
천하대장군 천하여장군이 우뚝 서있는 모습은
지난 풍상 다 겪어낸
비밀을 다 알고 있는 여유 있는 경지의 모습이다.
노란 꽃, 빨간 꽃, 하얀 꽃, 보라 꽃
예쁘고 아름다운 현대판 꽃동산,
해변가를 걸으며 시원한 바람과 바닷가의 정취는
창조주의 크신 능력의 솜씨 그 숨결이 느껴진다.
처음 와본 안면도 꽃동산 걸음마다
드라마 같은 추억을 만들며 즐거움 가득 담은
평화로운 하루였네.

타임머신
-자매결연

타임머신을 타고 상념에 잠긴다.
아주 먼 우주공간 그 먼 곳 은하계로.
억겁의 세월 날갯짓하며 신비의 세계로 날은다.

상상을 넘어선 큰 강, 큰 산, 금은보화, 비밀의 세계.
금성 토성 목성 수많은 별들
태양 가까이 초능력의 힘에 이끌리어
두루 다니며 다 보았다.
해맑은 미소 띈 그 아름다운 천사들까지.

시공을 초월한 타임머신은
비둘기 같은 성령의 도움으로
안전하게 지구에 돌아왔다.

남극 북극 산과 바다 강과 숲 새소리 물소리,
여러나라 각양각색의 사람들
과거와 현재와 미래 처음부터 나중까지
미지의 영적세계를 다 보았다.

마지막코스 지구의 한켠 살기 좋고 아름다운 곤명에,
취호공원과 서산 용문사와 곤명호가 팔벌려 맞이한다.
이때에 선택받은 대한민국의
그리스도의 병사들이 먼저와,
두 손 벌려 우리를 반기네.

세종 CBMC와 곤명 CBMC의 떨어져 있던 실체는,
생명수 강가에서 자매결연 맺으며
천국잔치 촛불은 타오르고 한 몸 되었네.
이 열기 등불되어 성령의 뜨거운 불꽃으로 피어 오르니
타임머신은 멈추지 않고 능력의 주님 손 잡고
영원히 승리하며 달려가리.

시행착오

눈, 귀, 생각, 마음
모든 관점에서 착오를 일으킨 행동은
오해로 상처를 만들며 번지니
생명을 해칠 뿐이나

진리가 찾아와 눈, 귀, 생각, 마음을
깨뜨려 본질이 바뀐
실체는 밝은 빛 비추며
그 빛은 희망의 바다로
푸르른강 생명수 강가에 행복나무 울울창창
석양 노을에 아름다움이 절정을 이룬다.

고난의 축복

과거가 살며시 다가와
침묵이 말하듯 미래를 알린다.

과거는 미래를 밝히는
아픔을 통과하는 인고의 문이다.

과거의 굶주림은 진주를 만드는 고통이었고
과거의 설움은 기쁨이 되는 과정이었다.

과거가 현재가 되고 현재의 구슬땀은
미래의 승전고를 울리기 위한 진통이다.

과거에 뿌린 눈물의 씨앗은
울창한 숲이 되어 뭇사람의 그늘이 되었다.

과거의 꿈은 고난을 통하여
오늘 축복의 열매로 가득하다.

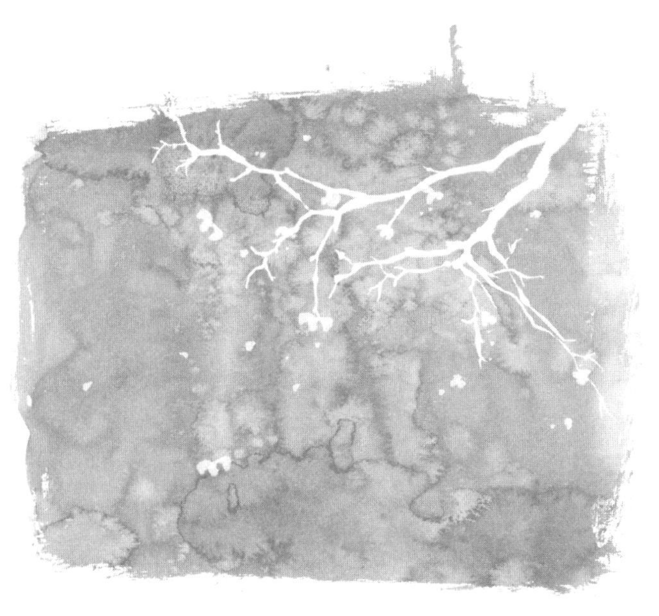

●● 꽃방 축제

새해

머언 옛날에도
지금 여기서도 어김없이
태양은 희망으로 솟는다
꿈으로 꿈틀거린다.

검고 녹슬은 어둠
가난도 설움도 아픔도 억눌림도
우주의 푸른 눈 붉은 입술로
모두를 삼켜 버리고

2010 경인년
그 권능 우리에게 길동무로 다가서
세상의 무거운 짐 다 벗기어

푸른 숲 새소리 물소리 가득한
이 땅의 산하에
도약의 깃발 나부끼게 하라.

동대문 상공인

일제 억압의 사슬을 끊고 광명의 태극기 휘날렸다.

동족상잔의 잿더미에서
동녘의 붉은 태양 솟을때 여명이 밝아

민족의 얼 큰 꿈 꾸며 4천만의 함성이
역겨웠던 보릿고개 넘어 세계의 알곡창고 이루었네

여기에 동대문 상공인들
여덟개의 나이테로 기상하며 날개짓 한다

남녀노소 젊은 근력들 모여 눈망울 번뜩이니
선열들 웃음 가득하고 후예들 본받아
대한민국 산하에 영원히 푸른강산 이어가리.

보석

오늘도 얼굴없는 손에
이끌리어 나간다.
고즈넉한 새벽
눈꺼풀 무거운 짐 지고
동녘에 해뜨기 전
어둠을 뚫고 공기를 가르며
시간의 바퀴를 굴려
보화가 가득한 곳으로 간다.

눈망울 빤짝이며 보석을 찾아
광부들 떼로 몰리는
광석이 있는 곳으로
얼굴없는 손에 이끌리어 나간다.

세미한 소리가 들린다.
원전, 보석, 광석, 천사의 소리
오라는 손사래의 광채가
어둠속의 빛으로 다가와서
기쁨의 강물로 출렁거리매
하룻날 가슴이 촉촉히 젖는다.

꽃방축제

활짝 핀 벚꽃이 벌리는 꽃방축제에
봄의 향연이 무르익어간다.
겨울 눈꽃송이 같이 만발한
하얀 벚꽃나무 밑에는
샛노란 개나리꽃이 얼굴을 들이밀며
봄의 향기를 물씬 풍긴다.
건너 뚝방 밑자락에선
따스한 햇살의 응원을 받으며
겁먹고 움츠려
땅위로 올라오지 못했던 새싹들이
경주하듯 파릇파릇 피어오른다.
도심의 시냇물소리
자동차 소리와
주말을 즐기러 나온
수많은 사람들 소리
꽃방축제를 위한 악기소리와
구성진 엿장수 소리로
봄날 맑은 하늘과 함께
자연의 오케스트라가 펼쳐지고
아름다운 풍경화로 수를 놓는다.

한적하고 쓸쓸했던 이 뚝방길은
폭신폭신한 우레탄으로 포장되어
조깅하는 사람들의 건강을
한껏 보살펴준다.
과학이나 문화가
우리들의 삶에 눈부신 발전으로
언제까지 도움이 끼쳐질지 모르나
뚝방길의 평화롭고 아름다운
이 모습이 영원하길
손 모아 빌고 또 빈다.

빛의 사명

예전에는 캄캄하고 스산한 거리였다.
지금 이곳을 거닐며 상상에 젖어
창공에 매달린 밝은 달을 보며 봄바람과 함께
시원한 공기를 가르며 걷는다.

아주 오래 전엔 없었던 수많은 자동차들이
밝은 빛을 비추며 질주한다.
가로등 불빛이 어둠을 삼키고 서있다
눈부신 태양 그리워
달빛 없는 날을 대신 하려는가?

자동차의 헤드라이트와 경주하듯
자전거 행렬이 지나가며 빛을 반사한다
높은 곳에 빨간 십자가 올려다보니
예전에는 없었던 키가 큰 아파트들이 모여 불빛을 자아
낸다.

이 변화된 모습을 보면서 자연을 지으신 창조주는
끊임없이 사람을 통하여 일하고 계심을 새삼 느낀다.

아파트도 짓는 것이 아니라 심는다고 하니
현대판 자연이다
창문 밖 은은하게 비치는 전등불도
아름다운 한폭의 자연이다.

가로등도 심어 아름다운 불꽃을 피웠고
아파트도 심어 신비함을 자아내며
지나가는 자동차도 변형된 꽃으로 번쩍인다.

심고 가꾸어 거둬들임은 심은대로이다
생육하고 번창하고 땅에 충만하라
정복하고 다스리라 하셨으니

어둠에 쌓인 캄캄한 세상
밝은 빛을 뿜어내어 환한 세상 만드는 일은
특별 계시를 받은 우리들의 몫(사명)이리.

3男의 찬가

축복이 머문 새문안
인고의 세월 124개의 주름진 나이테
이 터 위에 3男이 멍석을 폈다.

밤하늘에 별빛이 흐릴지라도
태양 같은 눈동자
동쪽과 서쪽, 남쪽과 북쪽에서 빛을 비추니
아멜렉이 달아나고 불레셋이 도망친다.

3男이 힘을 뭉쳐 한 몸 되어 나아가니
새 성전이 눈앞에 다가와 아롱 아롱
새 생명이 돋아나고 이방인이 몰려든다.

여기에, 젊음의 기상 예수의 피 끓어
무거운 짐 맡아 샬롬의 꽃피울.

대한민국의 미래, 새문안의 희망, 큰 꿈 이룰,
3男 3男 3男이여.
여호와 닛시의 깃발 영원히 영원히 휘날리리…

선한 양식

모였다 흩어지는 철새일까
아침에 배가 고파 울고
저녁에 사랑이 그리워 우네

어미새
먹잇감 입에 물고
정성을 쏟으니

주린 새끼 배 채우고
어미새의 본을 받아 대를 이어가네.

병든 새끼는 먹질 못해
제몸 하나 못 가눔은
건강할 때 잘 먹고
잘 살아보라는 가르침일세.

빌린 시간

세월이 흘러흘러
계절이 바뀌며
문림의 꿈 펼치러 국제문예로 몰려온다.

어제 있던 일 내일 해야 할 일들
많은 사람들 스쳐 가는데

세상 사람들 관계도 관심도 없지만
잠깐의 시간 공간 안에
국제문예가 있어 든든하고
글로 맺은 형제가 있어 행복하다.

미래를 당겨 우리의 것으로
보물탑 쌓아 싱그러움 찾아 행복 나누세.

세계로 미래로 횃불 들고

한해를 지우는 밤이 내리고
눈부신 새 해오름에
도심은 푸른 물결로 출렁인다.

역사의 수레바퀴는 굴러 새 날은 열리고
세상은 얼굴 없는 손에 이끌리어 꽃을 피우며
열매 가득한 가나안 땅으로 걸어간다.

어둠을 넘어 생동하는 환희의 세상으로
우주의 한 켠 평화의 산실
한몫을 받은 영역 마음 밭 이랑에서
평화의 횃불 높이 든 CBMC

세계로…
미래로…
CBMC 푸른 깃발 펄럭이며
오늘도 내일도 뚜벅뚜벅 걷고 또 걷는다.

애벌레의 귀향

옆산에 진달래
앞 들녘에 황금물결
뒷산에 부엉이 소리 들릴 때

애벌레 소년은
먹구름 비바람 바람서리 풍랑물결 몰아치는
광야 같은 도심을 향해 꿈길로 간다.

굶주림, 고달픔, 시련의 눈물은
번데기가 나비로 되는 생명수였다.

옆산에 진달래,
앞 들녘 황금물결,
반겨주는 부엉이소리 청아한데

옛님은 아니 뵈니
그리움 아쉬움이 가시질 않네

남은 시간 공간에 성전지어 생명 씨 뿌리고
축복의 땅 만들어 가신님들과 찬양하는
푸른 물결 몰려 오네.

어둠을 지우고

승리의 깃발 펄럭이며
승리의 함성 소리가 울렸다

암울 속에서 온갖 고난 이겨내고
한 알의 씨가 파란 새싹 되어
새날을 푸르게 자태를 보인다.

길고 긴 터널 속에서 꽉 다문 입술
동녘의 태양 솟을 때 여명이 밝아와

단잠 이룰 밤도 기나긴 터널도
명품 값을 치르며 가진 아픔 참아낸 진주

숱한 날 고독과 아픔이 약이 되어
살을 에이는 찬바람도 고독의 눈물도
파란강물로 출렁인다

선열들의 얼을 담아 후예들의 등불이 된 그대
품었던 꿈 평화의 꽃 피울
헤일 수 없는 생명 끌어안고
정의의 깃발 힘차게 휘날리리.

열손가락

한 팔에 달린 다섯 손가락
또 한 팔에 다섯 손가락
합하니 열 손가락
아름다운 열 손가락이
다른 발가락 손가락 치료하는 손가락으로
목도 어깨도 시원하게 하는 손가락
피로를 씻어주고 달콤한 단잠으로 자장가의 엄마손
잠깐의 행복한 쉼이 길이 이어졌으면…

장모

악인도 의인도 목숨이 끝나는 날 사라지지만
우리 장모 얼굴 없는 손에 붙들리어
꿈의 정상에 도달 하셨다

지상의 슬픔, 걱정, 아픔, 근심 잠속의 꿈이 되었고
시온성보다 더 찬란한 저 천성에서
해맑은 미소로 우리를 바라 보신다

지금도 쉼이 없는 기도 소리는
귓가에 다가와 회개로 의롭게 하시고
무성한 여섯 가지 생명력 넘치는
예수 향기로 일상이 되어 걷게 하신다.

칠순날 기념시

고개고개 보릿고개 잘 넘긴 청양. 정좌리. 정탁.
그중에 둘째나무 일곱나이테

흐르는 세월 백발되고 골이 패인들
하늘섭리 하늘인연 누가 막으리
창공(동녘)에 해 뜨고 구름에 달 가듯
억겁의 세월 흘러 만물이 사라진들
형제자매 골육이 아니던가?
형제자매 수족 같은 혈육인데
수족이 끊어지면 그 누가 이어주랴
인생의 늙어감이 포도주처럼 익어 간다 하니
사탄마귀 꾀에 빠져 한동안 등 돌려 지낸 것이
후회가 막심하네
늦게나마 회개하고 재회하니
누님 칠순 잔치가 보화되어
후손에게 본이 되고 양반가정 되찾았다
풀잎위에 이슬, 잠속에 꿈, 아침안개와 같은
이런 사람 저런 사람
악인도 의인도 죽음과 함께 사라지듯이
잠시 쉬었다 가는 짧은 인생.

우리 6남매 배당받은 짧은 시간에
지난 쌓인 변비, 부패물, 녹슬은 것들
화목, 우애, 사랑의 물로 깨끗하게 씻어버리고
우리 함께 천국으로 날아가는 꿈을 이루자.
불효막심한 우리 6남매 누님 칠순잔치에 모인 우리들
아빠 엄마 천국에서 바라보시고
밝은 얼굴 해맑은 환한 미소로
옥선아, 성자야, 성언아, 성월아, 성춘아, 성태야
부르시고 둘러보시다 막내둥이 안보이니 아쉬워하신다.
잠시 머뭇- 아들아 딸아 고맙다. 반갑다. 잘했다.
그 청아한 음성 귓가에(쟁쟁) 스쳐 위로 하시네.
화목하게 잘살아라 우애하라 하시며
6남매 극진히 사랑하신 아버지 어머니의 유언이
누님 칠순날 다 이루시며 기념비를 세웠다.
영원히 영원히 우애하며 살아가리.

태양과 어린 양

검은 너구리가 길을 잃고 헤맨다.
눈을 부릅뜬 흑반점 호랑이도 길을 잃고 좌충우돌 한다.
여우 한 마리도 눈이 멀어 길을 잃고 방황한다.
표범 한 마리가 꾀를 내어 여우 발자국 따라가다 길을 잃고 말았다.
너구리 호랑이 여우 표범이 묵묵히 걸어가는 순한 양을 발견하고 본능적으로 에워싼다.
절름발이 검은 곰 한 쌍이 절뚝절뚝 뒤쫓으며 가세한다.
순한 양이 이 짐승들의 한 끼 식사가 될 무렵 동녘에 태양이 솟아오른다.
이때에 검은 짐승들 어디론가 숨어버리니 밝은 태양앞에 그 무엇이 감추어지랴.
또다시 밤이 되면 검은 짐승들 서로 경계하며 다투고 할퀴고 싸움판이 되겠지만
길 잃은 순한 양 목자품안으로 안식처 되었으니
저들도 싸움하는 밤보다 환한 낮 밝은 태양 그리워하리.

계산의 허점

세월이 나이를 만든다
나이가 세월을 이끈다.
어제가 오늘 되고
오늘은 내일을 만든다.

사계절이 오고가고
밤과 낮이 돌고 돌며
나이테는 늘어나고
나이는 한살 한살 줄어든다.

늙지않고 익어가는 푸르름이
아름다운 석양의 모습인 것을

철 늦게 깨우친 이 아둔함에
밤은 깊어가고 별은 빛난다.

변비를 버린 이유

먼 길을 쉼 없이 달려왔다.
정신 없이 숨차며 달려왔다.
내 주위를 살펴볼 겨를도 없이 앞만 보고
걷기도 하고 뛰기도 하며 도착하였지만
잡힐듯 잡히지 않는 수많은 신기루 뿐이었다.

욕망과 망상에 사로 잡혔던 변비 그 실체를 날려 보내고
마음속에 쌓였던 변비, 생각속에 남아있는 오물을
말끔히 씻어 버리니 손에 잡힐듯 하던 신기루
새로운 모습으로 내곁에 가까이서 웃음짓네.

탐욕과 욕망으로 빛 바랜 허상을 벗고보니
소홀히 여겨왔던 모든 것이 보배였고
움켜쥐려던 많은 것들이 보잘것없는 변비였네

눈 비늘을 벗고보니 값진 보석들
아내, 아들, 딸, 형제들, 주위에 많은 사람들
나의 포근한 보금자리
나의 건강 눈과 귀
입과 코 팔 다리

보고 즐기고 듣고 느끼며 먹고 마시고 숨쉬며 운동하니
행복이 가까이에 널려 있구나.

이제 가족들과 여행을 떠나고 싶다.
더 많은 이웃들을 사랑하고 더불어 살고싶다.

길

인생에는 많은 길이 있다.
길을 걸으며 길의
냄새와 소리를 듣는다
땀 냄새 쓰레기 냄새와
기쁜 노래와 슬픈 노래를
칠흙같은 세상이 이정표를 가릴지라도
나는 두려워 하지 않는다.
언제나 내마음 속에 있을
진리의 길이 어둠을 밝혀 주기에.

새만금 노래

높푸른 창공 검푸른 바다
유람선 엔진 소리에 물거품이 춤을 춘다.
바람을 가르며 찾아온 갈매기
새우깡을 기대하며 뒤따르다 떠났지만
병풍같이 그림 같은 섬들
천천년 묵묵히 등대 되었네.

김 양식 풍성하고
바다양식 곳간 되니
방금 전 먹고 즐긴 먹거리
여기에 감추인 보물창고였구나.

광활한 바다 시원한 바람
따스한 햇빛
그리고 늘
풍요로 배 불리시는 능력의 손이여.

감사패 단상

능력의 힘에 이끌리어 나는 간다
눈을 감아도 저절로 마음이 간다
군중을 비켜
아주 작은 무리 움막이 있는
새시향 쪽으로 발걸음질 한다

오늘은 시 교실 강사 친구로부터
꼭 오라는 소리가 들린다
책 발간에 후원금 냈다고
도서 상품권 하나 건네줄까 짐작했다
쑥스러워 손사래를 쳐도
생각 했던 대로
상품권과 별 다를 바 없는 감사패를 준다
내용을 읽으며 안겨준다

이런 표시에는 달갑지 않아
무슨 말인지 귀가 열리지 않고 속으로 나는
'주인이 시키는 대로' 한 것 뿐인데 하며
내 상념 속으로 빠졌다.

집에 와 다시 읽어보았다
또 읽었다
참 정감이 가고
시어가 마음을 적신다
깊은 시 맛을 느낀다

눈에 잘 띄는 자리에 올려놓으니
영적 힘이 불끈 솟는다
아버지께서 시키는 대로
죽을 때까지 이 걸음으로
충성하고 효자가 되려고
마음을 다잡는다.

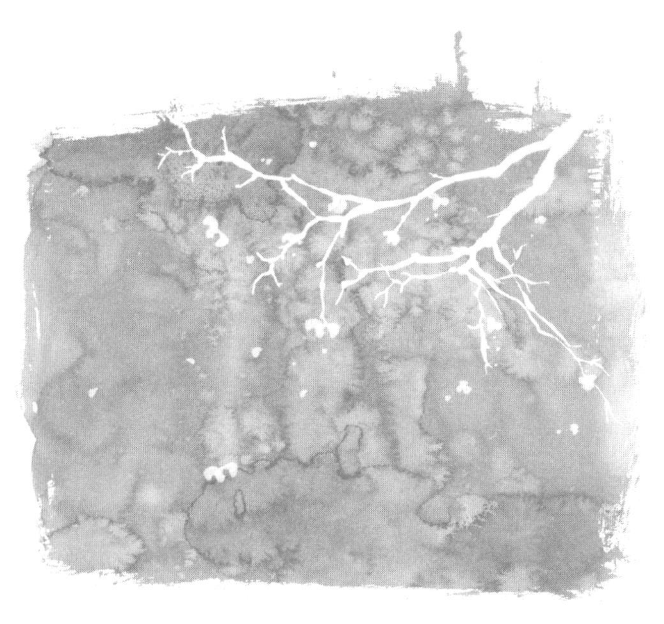

● ● ● 결혼 기념일

결혼 기념일

결혼 스물 여섯해를 맞는 날.

외국여행을 떠나려 마음을 굳혔지만 사람의 계획은 온전하지 않아 변동이 있기 마련이다.

금년에는 새문안교회 부서장으로 수양관(경기도 현리) 부장직임을 받은 이유로 아내 김춘의 권사가 수양관의 주방 관리를 하게 됐다.

마침 담임 목사님을 비롯하여 부목사님과 전도사님들 전체 워크샵을 하는 날이었기에 기대했던 외국여행을 다음 기회로 미루었다. 그러므로 봉사의 의미는 더욱 기념 될 만하다.

지혜가 떠올라 김권사를 위하여 결혼기념 깜짝 이벤트를 하기로 마음 먹고 즉흥적으로 생각하여 내일로 다가온 일이기에 이리뛰고 저리뛰고 동분서주 하며 차분하게 순서대로 진행 하였다.

먼저 이수영 담임 목사님께 말씀을 부탁 드리려 점심

식사를 하기로 예약했다. 그런데 워낙 바쁘신 분이라 일정이 바뀌어 저녁 식사를 하게 되었다.

개인적인 일에 공인인 입장에서 수락해 주시니 죄송한 마음 금할 길 없었다. 시간 내어 주심이 감사하기만 하다.

이젠 한 가지 해결 됐으니 두 번째, 이벤트 할 사람을 찾는데 내일로 임박 했으니 쉽지 않아 이벤트 회사를 이리저리 수소문 하여 힘들게 결정하였다.

세 번째 시 한편 낭송 하려고 자정을 지나 새벽 3시까지 정성들여 시 한편을 겨우 완성하였다.

어떻게 잠을 잤는지 잔둥만둥 깨어 일어나 꽃바구니를 수양관 집사님에게 부탁하고 김권사 모르게 만반의 준비를 무사히 마치고 경기도 현리 수양관에 도착하였다.

감쪽같이 김권사 모르게 담임 목사님과 사회자와 참석하신 모든 부목사님들과 점심 식사를 마친 후 TV에서 본 듯한 깜짝 이벤트를 시작했다.

주방에서 일하는 김권사를 잠깐만 보자며 손을 잡아 끌고 오는데, 아내는 당황하며 얼굴이 빨개져 어쩔줄 몰라한다.

순서대로 목사님 말씀 선포가 있었다.
인물 좋으시고 지혜로우신 이수영 담임 목사님 말씀은

〈아가서 (2:1–3) 나는 샤론의 수선화요 골짜기의 백합화로다. 여자들 중에 내 사랑은 가시나무 가운데 백합화 같도다. 남자들 중에 나의 사랑하는 자는 수풀 가운데 사과나무 같구나 내가 그 그늘에 앉아서 심히 기뻐 하였고 그 열매는 내 입에 달았도다.〉
기념이 될 만한 귀한 말씀으로서 영원히 잊지 못할 감동적인 은혜의 말씀이었다.
이어서 밤늦게까지 준비 하였던 시 한편 낭송하였다.

만남

광대하고 늘 푸른 창공
광명한 햇빛
오묘한 달과 별
산천초목 산과 바다
그리고 새문안 수양관.

여기에 당신과 나
우리 만남은 우연이 아니었어
샤론의 꽃 피울 꿈꾸며 하나 되었네.

스물 여섯해 동안

기쁨도 아픔도 함께 걸어와
품은꿈 날갯짓 하며 또 걷는다.

기도 성산에 올라
감추인 은사 돛아서 향기 풍길때
얼굴에서 미소가 가득하다.

예수의 피 혈관으로 흘러
여호와 닛시의 깃발 펄럭이며
복음을 펼친다.

낭송 후 박수 소리와 목사님들의 축복속에 사랑 받기 위해 태어난 사람…… 축가를 부르니 하늘문이 열리며 은혜의 물결이 파도치듯 기쁨이 넘쳤다.

이어서 꽃다발을 전하니 기립 박수가 터지며 65세나 되는 늙은이의 결혼기념일이 뜻밖의 젊은 목사님들이 부럽다고 야단들이다. 다음에 자기들도 그렇게 하겠다고 이구동성으로 끝을 맺는다.

이렇게 특별한 결혼기념일의 이벤트는 왕 닭살 돋는 웃지 못할 코믹한 단막으로 막을 내리고 일상으로 돌아간다.

변하는 피조물

회색빛 담장을 한걸음 한걸음 전진하여 이윽고 녹색 담장으로 승리의 푸른 깃발을 꽂은 담쟁이넝쿨.

어느새 붉은 단풍으로 변해가는 모습을 보니 한세월 다 보냈는가 싶고 정복의 승리도 잠시일 뿐 영원하지 못함을 느낀다.

단풍마저도 서릿발에 다 떨어져 밟히고 앙상한 줄기만 남을 담쟁이넝쿨의 치열했던 수고가 허무하기 이를 데 없다.

그렇게 무성했던 푸른 물결 출렁이던 갈대밭도 갈색으로 바뀌며 갈대꽃이 실바람에도 흔들거리며 지난날의 향수에 잠기는 듯하다.

더욱이 갈대숲 장관을 이루던 곳에 이름 모를 잡넝쿨들이 갈대밭을 침범하여 군데군데 패전 진지같이 흉물스럽게 변하였다. 땅바닥에서 땅속에서부터 잡넝쿨들의 치밀한 계획과 작전은 방심하고 태연히 서 있던 갈대들을 소멸시켜 가고 있다.

이들의 투쟁의 배후에서 녹색환경관리를 맡은 사람들은 과연 어느 편에 설 것인가?

갈대밭 너머론 수십 년 만에 일어난 홍수로 발생한 흙탕물은 뭉개구름 사이로 높아진 파란하늘과 조화를 이루며 가을 날씨에 맑은 공기 맑은 물로 흘러가며 고기들은 평화롭다.

오리들 또한 쌍쌍으로 즐거워 보인다. 그러나 정지할 수 없는 시간의 바퀴가 굴러가므로 산천초목이 또 다른 모습을 자아낸다.

우리네 인생도 시간과 더불어 우유빛같이 뽀얗던 살갗도 검버섯 되며 검은 윤기머리가 알머리 백머리로 자연과 함께 변해간다.

이 정도에서 인생 끝이라면 구름타고 올라간 엘리아나 에녹의 위대함도 특별할 것 없겠지만, 백발이 되고 백골이 되어 한줌의 흙이 될 것이니 마음 한구석에 허무함이 다가와 나의 연약함을 다시 깨닫고 날이 갈수록 창조주 하나님께 바라는 기대가 사뭇 커져만 간다.

잠시 잠깐 지나가는 안개와 같고 꿈만 같은 세상 배당받은 시간 안에서 나는 마음을 온전히 비우고, 심령 깨끗한 곳에 성령 계실 성전을 속히 지어 피조세계를 지으신 주인님께 모든 것 아낌없이 바치고 믿음의 큰 상을 받고 싶다.

병영의 아들

사회생활 초년시절 객지 생활할 때 부산에서 영장 나왔다는 소식을 듣고 기뻐하며 야-아 군대간다 하며 외쳤던 내가 하나밖에 없는 아들 군대 간다니 왜 그리도 걱정이 태산만 하여질까? 아마도 식성이 안 좋아 콩나물도 채나물도 한 낱씩 골라먹는 정도인지라 힘든 군생활을 어찌할꼬 하는 혈육(애비)의 정은 아마도 자연스러운 걱정이 아닌가 싶다.

내가 입대하여 훈련을 마치고 부대 배치되기 전에 집결장소였던 101 보충대, 아들이 삭발하고 대를 이어 그곳에 집결하니 묘한 생각에 감회가 새롭다.

우리 가족과 몇 명의 아들 친구들이 어울려 식사하며 즐겁고 재밌게 행동하는 아들의 모습을 처음 보았다.

삭발한 모습은 코브라를 연상케 하였다. 민첩하며 똘방거리고 귀염을 토해내며 유머도 있고 활달한 모습에 걱정이 사라지며 마음이 놓였다.

내가 군대 갈 때 부모 형제들이 배웅 나왔을 때 활기차게 차에 제일 먼저 올라 환한 미소로 손을 흔들며 '잘 다녀올께요' 라고 외치는 모습을 억지로라도 보였던 아름다운 나의 추억이 선연하다.

제 어미도 얼마나 안쓰럽던지 어떻게 좀 해보라고 닦달하는 모성애의 본능이 나온다. 낸들 어쩌란 말인가? 그러나 하나밖에 없는 아들을 위하여 최선을 다했다. 오직 기도 외에 더 무엇이 있겠는가.

특히 어머니 세례 받으실 수 있도록 조석으로 정성을 다하여 무릎꿇고 외치며 중보기도 했던 일, 그 다음으로 절실한 기도를 드렸다. 내리사랑 애비의 마음인 나의 마음을 재발견 하였다.

그랬더니 이게 웬일인가? 100% 전방으로 가게되는 의정부 보충대에서 화성 훈련소로 가게 됐다는 소식에 지성이면 감천이요, 기도를 들어 응답하여 주신 하나님께 감사와 감격과 기쁨이 넘친다.

훈련이 끝나고 용인 3군단 본부에 차출되어 배치되었다는 소식에 또 한번 가족모두가 웃음이 가득하고 행복에 젖었다.

얼마 후 들뜬 마음으로 우리 가족이 음식을 가득 싣고 첫 면회를 갔다.

기다림과 보고픈 마음으로 기대가 되며 마냥 즐거웠다. 그 아들이 태어날 때의 기쁨이 다시 떠오른다.

시간이 지나 아들의 모습이 보였다. 반갑기가 어데 비할 데 있으랴. 유원지를 연상케 하는 면회소에서 시간 가는 줄 모르게 달콤한 시간을 보내고 또다시 만남의 약속과 함께 헤어짐의 시간이 다가왔다. 헤어지기 싫어하는 아들과의 작별에서 묻어나는 부자지간의 애틋함에 침을 삼켜야했다.

그 후 휴가도 나오고 면회도 다녀오고 제대 날을 기다리며 세월은 흘러간다. 그리고 아들은 국방의 의무를 잘 수행하며 우린 평화의 삶을 살아간다. 영원 무궁하길 바라며…

이젠 후임도 생기고 제법 건강하게 달라진 듬직한 모습에 휴가 때마다 반갑고 마냥 좋았다.

이번엔 특별한 휴가다.

"아빠가 좋아 하는 것 여기 있어요." 사격 특등 표창장과 3군단 내 100여명의 신임 분대장 훈련에서 우승한 표창장을 내어 놓는다. 아빠의 마음을 헤아린 것 같다. 이런 효도를 하다니 참으로 감동적이다.

하나밖에 없는 이 아들이 태어날 때부터 나의 기쁨의 원천이신 하나님께서 나같이 부족한 사람에게 큰 선물을 안겨 주셨구나 생각하니 마음 뿌듯하다.

심은 대로 거두며 그 나무를 모르면 그 열매를 보면 안다는 말씀이 생각나면서 늙어가는 세월에 감사한 마음 가득히 위안이 된다.

여유

살을 에이는 매서운 추위, 영하 10도에서 영하 17도까지 오르내리며 48년 만에 서울에서 가장 춥다는 1월의 강추위가 삼한사온의 계절의 법도 아랑곳하지 않고 연속이다.

이런 날씨엔 상관없이 ◯께서는 세우신 계획아래 나의 오랫동안의 눈물의 기도를 응답해 주셨다.

추위와 계절을 초월하여 미리 정하여 주신 터 위에 건평 3000평 되는 15층 건물 착공 예배를 드렸다.

담임 목사님(이수영)을 비롯하여 부목사님들과 장로님들 동네 유지 분들이 모인 가운데 하늘문이 열리는 ◯이 기뻐 받으시는 착공 예배였다. ◯께서 이루시는 대사였음을 나는 뼛속깊이 체험하는 뜻 깊은 일이다.

이렇게 기쁨과 은혜가 충만한 중에 설날 연휴가 되어 조카 목사를 도울 겸 간접 선교 겸 온 가족이 싱가폴 여행길에 올랐다.

늦은 결혼에 ○께서 주신 귀한 선물인 딸과 아들이 티켓팅이며 짐 챙기는 일 등 진행하는 과정이 든든하고 걱정과 염려가 바뀌어 믿음직스럽다. 베테랑 전문 가이드보다 한층 편안한 느낌이다.

싱가폴 SQ603편 비행기에 탑승했다. 예쁘고 친절한 스튜어디스가 반겨주는 모습이 천사와 같다.

며칠 전 인터넷에서 보았던 '하늘에는 스튜어디스가, 땅에는 웨이트리스가 있다' 라는 구절이 생각난다. 이들의 미소와 친절에 많은 남성들이 반하여 결혼함으로 힘을 얻어 성공한 사례가 적지 않다고 한다.

이 뒤안길엔 여성의 피나는 노력과 땀이 먼저 있었을 것이고 힘든 노력은 계속 진행됨에 손님들에게는 편안함을 제공하게 되니 한편으로는 애처로운 마음이 솟아오른다.

좌우 살펴볼 겨를도 없이 정신없이 앞만 보고 살아온, 고희를 4년 앞둔 고난을 겪는 늙은이의 애틋한 마음인 것 같다.

양식과 한식의 식단 메뉴 중 네 식구 모두가 양식을 주문해서 맛있게 먹으며 행복한 시간을 맞이했다.

점심 메뉴에 포도주를 곁들여 권한다. 노땡큐. 장로로서 사양한 것은 당연한 일 아닌가.

한편 프랑스나 스위스 이태리 등 아름다운 산등성이에서 정성을 쏟아 가꾸어 온 손길들을 거치며 숙성된 포도주의 그 의미를 느껴보려 햇빛과 공기, 비, 바람, 자연을 연상하며 포도주의 맛을 음미해 보고 싶은 마음이 생겨난다. 다시 주문하여 반 컵 정도 마셨다. 예상보다 맛도 별로이고 두통이 생기고 아름답게 느껴졌던 산지의 자연도 사라졌다. 아마도 새문안 장로는 ○께서 이 정도도 용납하지 않으심을 새삼 느끼며 더욱 절제하여야겠다고 다짐한다.

비즈니스를 위하여 이태리나 프랑스, 중국, 일본, 그리스, 남아공화국, 홍콩, 대만, 폴란드 등 수없이 다녔지만 이보다 평안하고 행복했던 때는 없었던 것 같다.

이 평안은 나의 노력이나 욕심이나 의지로 되는 것이 아니라 전적인 ○의 은혜임을 확신하기에 옛 사람의 나는 지워지고 그 분만 비춰지길 소망한다.

아내의 감기가 매우 심하고 아이들은 어젯밤 잠도 안 자고 나도 피곤했지만 감사와 행복이 가득한, 이토록 여유로울 수 있었던 시간이 언제 또 있었던가? 돌이켜 보면 가정이 천국이고, 천국이 가정인 것을…… 이 천국이 주님을 만날 때까지 계속 이어지길 진정으로 기도드린다. 회사 직원들을 위하여 기쁨으로 열심히 일하며 행복하여지기를 또한 기도한다.

싱가폴에서 최고의 호텔인 국제적인 마리나 베이 샌드 호텔에 여장을 풀고 내려다 본 야경은 빨강 노랑의 높고 낮은 빌딩 숲에 불빛으로 조화를 이루고 있어 마치 천국에 입성한 듯 가족과 함께 모처럼의 여유로움에 젖어 감사와 행복의 엔돌핀이 마구 생기는 듯하다.

자랑스런 나의 친구

어린 시절 청운의 꿈도 채 꾸지 못한 시절, 천진난만했던 때. 눈여겨 보았던 나의 친구 종환이를 잠시 떠올려 본다.

충남 청양중학교 15회 240명 중 가장 돋보였던 종환, 공부도 월등하게 1위는 물론 행동하는 모습 하나 하나가 미운 구석은 한 곳도 찾아볼 수 없는 나의 동경의 대상이었다.

활달하고 운동회 등 어떤 행사에도 뽑히어 재간과 재주를 부리고 선천적으로 타고난 그 기량은 무엇인가 해낼것 같은, 큰일 한번 저지를 것 같은 예감이 들었다.

청운의 꿈을 안고 친구들은 앞 다투어 상경하여 각자 자리를 잡기 시작했다.

재경 동창회에도 빠지지 않고 참석하여 구수한 언변에 우리 동창들을 믿음직하게 리드해 나갔다. 동창회 모임에 종환이가 빠지면 나는 왠지 허전함을 느끼곤 했다. 그는 우리들의 자랑이요 우상 같은 기대주였다.

종환이는 나의 기대에 어긋나지 않게 작은돌에 넘어지지 않고 작은돌이 계단이 되어 한 계단 한 계단씩 밟고 올라갔다.

철도청 공무원으로 승승장구 하여 철도청장으로 친구들 중 가장 앞서가는 귀한 인재로 부상하게 됐다. 그 과정이 얼마나 힘들고 험난한 고난의 연속이었을까? 목표는 땀이다. 고난과 고통은 축복의 통로이며 축복은 책임을 동반한다.

선한 싸움을 포기하지 않고 심은 대로 거두시는 하늘의 이치를 가감 없이 순종으로 돌진하고 고진감래 후 결실을 맺은 친구의 아름다운 성공의 열매에 아낌없는 큰 박수와 찬사를 보낸다.

그 후 요직을 거쳐 공백기를 맞기도 했다. 그러나 국가나 하나님께서는 그의 투철한 국가관과 정직과 부지런한 청지기직 정신은 버리지 않았다. 그 치열한 장관 자리에 여론에 힘입어 발탁되었음은 시사하는 바가 크다. 동경의 대상이었던 그를 지안, 심안, 영안을 열어주시어 하나님의 연출을 바라보는 나는 감사와 감격과 감동이 넘쳐 출렁이었다.

더욱 잊지 못할 일은 장관으로 발탁되어 청문회에 나갈 때 일이다. 나의 친구 중에 유일무이한 장관(국토해운부) 청문회. 이 얼마나 뜻있고 가슴 벅찬 일인가.

나는 마침 새문안교회 장로로 피택되어 기도의 열쇠를 받은 느낌으로 성령 충만하여 나의 기도실에서 TV를 보며 급한 일 다 뒤로하고 마음을 다하여 힘을 다하여 청문회 1차, 2차 3-4시간 동안 울부짖고 담대함을 허락하여 주옵소서, 하나님 친구를 인정하여 주옵소서, 이명박 정부에 귀하고도 알맞은 인재로 견인하여 주옵소서, 진실하고 절실한 기도를 땀을 비오듯 흘리며 기도 드렸다.

아무도 없는 기도실에서 하나님과 나만이 교통하는 영적 산제사를 드렸다. 기쁘시게 받으시고 응답하여 주옵소서, 큰 소리로 외쳐 기도드렸다. TV를 보면서 친구의 답변이 차분하고 공손하며 공감갈 수 있도록 하나님의 영이 친구에게 임하여 주옵소서, 연속적으로 기도드렸다.

친구의 답변은 차분하면서도 겸손한 태도와 안정된 모습으로 모든 이들에게 인정 받을 만하게 잘 해냈다. 나는 조마조마한 마음이 안도의 평안함으로 전신이 잔잔하게 적셔 흘러 내렸다.

나는 잠시 마무리 기도를 하고 물을 마시고 나니 1인 부흥회를 성공리에 마친것 같았고 목은 쉬었으나 마음은 기쁘고 상쾌함이 어디에 비교할 수가 없었다. 잠시 후 핸드폰 전화가 왔다.

"여보세요 어-어 고마워. 성언이 기도 덕분에 잘 마

쳤어."

"아-그래 자-알 해냈어."

간단한 몇 마디였으나 하나님께서는 협력하여 선을 이루시며 함께 동행하시며 시공을 초월하여 역사하심을 체험케 하셨다.

너희는 무슨 일을 하든지 마음을 다하여 주께 하듯 하고 사람에게 하듯 하지 말라. 이는 기업의 상을 주께로 받을 줄 아노니 너희는 주 그리스도를 섬기느니라.(골3:23)

이 말씀을 나는 실행하려 다짐한다. 그리고 진짜 신앙인이 되고 싶은 마음 간절하다.

어느 날 프레스센터 19층 엘리베이터 앞에서 우연히 친구를 만났다. 깜짝 놀랐다.

어찌나 반가운지 마음이 뭉클 하였다. 대견하고 나의 자랑인 하나밖에 없는 장관친구 종환.

세상은 참으로 넓고도 좁은 공간인가? 만났으니 오순도순 차라도 한잔 나눴으면 좋으련만 국사에 매인 몸인지라 엘리베이터에 몸을 싣고 짧은 한마디, '전화 못해서 미안해' 이 한마디 속에 들어 있는 정감이 나의 마음속에 깊이 파고들어 자리를 잡는다.

얼마나 바쁠까. 장관실에 방문 했을때 수도사와 같다고 한 말이 생각난다.

국정을 맡아 동분서주 하는 친구에게 조금이라도 누가 되는 일은 없어야 되겠구나 하는 생각이 나의 천성에서 절로 흐른다.

나의 부족하고 역량 없음이 친구를 위하여 무슨 도움이 될 수 있을까? 마음이 짠하다. 권능의 하나님께서 늘 함께하여 주시길 기도 한다.

오직 힘이 되시고 능력 되시는 하나님께서 항상 친구 곁을 떠나지 마시고 함께 하시길 축원한다.

나는 친구가 영원히 국사에 남을 훌륭한 장관이 되기를 쉬지 않고 진정으로 기도 하려고 마음 판에 새겨둔다.

청계천을 걸으며

얼었던 눈이 녹으며 봄이 찾아왔다.

아직은 앙상한 가로수의 가지들을 보면서 집에서 가까운 청계천로로 랜드로바에 운동복 차림으로 거닐며 나가본다.

아직은 음지에 쌓였던 눈과 얼음이 채 녹지 않고 겨울을 지키려는 듯 채취가 남아 있다. 양지엔 기다렸다는 듯 그 추운 겨울을 이겨 냈다는 신호와 꿈틀거리는 생명의 발돋음의 새싹들이 비치며 희망을 노래한다.

여기에 발을 맞추듯 운동하는 사람들도 수가 더해지며 박자를 맞추듯 오리들의 움직임이 돋보인다. 물 속에는 크고 작은 고기들이 떼지어 다니며 자연을 아름답게 펼쳐 놓는다.

그동안 3.1고가와 시멘트, 콘크리트로 덮여있던 이 자리가 이러한 아름다운 친환경 자연의 모습으로 바뀐 도로를 거닐면서 답답한 도심 속에서에서의 그나마 물과 풀과 오리와 고기들과 접하니 속이 후련하여 자주 나오게 된다.

만춘이 되면서 이젠 꽤 새싹들이 자라며 꽃들도 피게 되니 더욱 장관을 이룬다. 땅속에 묻혀있던 그 생명들이 머리를 들고 나오는 그 모습을 보며 약한 그것들이 강함을 일깨운다. 개나리꽃, 벚꽃 등 이름모를 꽃들이 피어나며 너도 나도 생명이 있음을 뽐낸다.

땅속에 어떤 기운이 있길래, 아니 그 누가 어떤 마술을 부리길래 이런 일들이 벌어질 수 있을까.

모두 다 눈에 덮여 푸르름이 없어지고 다시는 피어날 것 같지 않던 나뭇가지들, 쑥쑥 자라온 풀 등 참으로 오묘하고 신기하기만 한 장면이요, 신비로운 광경이 아닐 수 없다.

나는 서울 장안의 한복판에서 일어나는 이 자연의 신비에 빠져 들면서 이른 여름을 맞이한다.

시원한 물 소리와 풀과 나무들이 이제는 겨울이 언제인 양 그 푸르름이 자태를 나타냈다. 오리들의 움직임도 더욱 많아졌다.

더욱 신기한 것은 오리들은 주로 암수 한 쌍으로 다니면서 사랑하며 볼썽 사납게 짝짓기도 거리낌 없이 할 짓은 다하니 물 위에서 사랑하는 오리들의 사랑이 땅 위에서 살아가는 우리들에게 깊은 생각에 빠지게 한다.

이젠 오리들과 가까이 접하고 싶어 새우깡을 사가지

고 던져 주면 멀리에 있던 오리들도 나 질세라 속력을 내어 달려 온다.

다음 날엔 새우깡을 더 많이 사가지고 와서 주다가, 물 위로 유인하면 집오리처럼 졸랑졸랑 따라오는 모습이 귀엽고 친근해져서 매일 하다 보니 잔돈푼이 없어진다.

물속에서는 많은 고기들이 하루가 달리 많아지니 물속에서의 고기 그 사랑도 빼놓을 수 없는 사랑의 세계가 있는 것이 분명하다.

이제 가을 되어 거닐면서 휘영청 밝은 달도 보고 수많은 별도 보면서 누가 저 달을 달아 놓았을까 지었을까 참으로 신기하구나.

언제나 거닐면서 기도 하였지만 오늘은 유달리 기도하며 창조주 하나님의 장엄하심과 맨 처음에 말씀으로 지으셨음이 믿음으로 확신케 한다.

그러면서 별과 달뿐 아니라 구름과 물과 공기와 바람과 온 천하 만물을 지으시고 생육하고 번창하고 땅에 충만하라. 정복하고 다스리라 하신 하나님의 명령의 말씀이 더욱 생생해 진다.

그러기에 만물 중에 우리 사람들을 통하여 달나라에도 가게 하시며 정복하라고 하신 하나님은 말씀을 이루시는 분이구나 깨닫고 감사드린다.

청계천을 자주 거닐면서 이 좋은 자연과 더불어 운동

하며 사랑하는 아내와도 함께 거닐 때 너무 좋구나, 마음이 상쾌하다.

아, 콘크리트로 쌓였던 이곳을 이렇게 아름다운 친환경 자연으로 변화시킨 분을 떠올리지 않을 수 없었다.

많은 반대를 무릅쓰고 대승적 차원에서 결단의 좋은 결실을 보신 그 분! 그분은 참 훌륭하신 일을 하셨다.

창조주께서 물론 자연을 지으셨지만 어떤 사람을 통하여 때로는 자연을 재창출하시는구나 하는 자연 계시를 통하여 하나님의(창조주) 특별 계시도 행하시는구나 하는 깨달음도 있게 된다.

그래서 대통령은 하늘에서 낸다 하는 말이 떠올랐다. 이분은 정말 글로는 표현할 수가 없는 끈기가 대단하신 분이다.

앞으로 우리나라 경제는 그분에게 맡기면 된다. 온 국민들은 각자의 자리에서 그분을 믿고 열심히 일하면 된다.

일하고자 하면 일이 보인다. 물위에 있는 오리도 일하고 물속에 있는 고기도 일하며 산다. 우리 인간도 일하며 행복하게 살아야 할 분명한 진리가 있다. 남탓 말고 모두 내탓으로 바꾸어 남을 배려하고 섬기면서 사는 가치 있는 청계천의 연인들이 됐으면 한다.

이러다 보니 겨울이 다가왔다.

그렇게도 싱그럽고 푸르렀던 생명들이 하나 둘 낙엽

되어 땅으로 떨어지고 그 아름답던 꽃들은 온데간데 없고 앙상한 가지만이 청계천을 지킨다. 유난히 무성했던 갈대들도 노랗게 노인 되어 갈색이 되어 버렸다.

그러나 유독 억새풀 꽃만이(갈대꽃) 그 동안 거센 비바람 다 맞으며 살았던 그 풍파를 이겨낸 위풍당당한 모습으로 꼿꼿이 장엄한 모습으로 후회없는 부끄럼 없는 모습으로 봄을 기다리는 장수의 근엄한 모습과도 같이 서 있음은 나의 인내의 스승이 되어 주었다.

땅속에 있든 땅위에 있든 죽었어도 죽지 않는 그 본체와 실체를 통하여 나의 영적 삶을 더욱 아름답고 값지게 살도록 교훈해 준다.

봄은 다시 오는 것이 확실하지 않는가?

塞翁之馬

수십년 만에 눈이 가장 많이 내렸다고 방송에서 떠들썩 하다.

눈이 안 내리는 나라에 사는 사람들은 또 하나의 아름다운 광경으로 신비스러움에 가득 차 기쁜 추억으로 남겠지만, 4계절 중의 하나인 우리나라에서의 눈은 하나님의 축복 이기도 하지만 매년 반복되는 계절의 일상이다.

그러나 이번 눈은 의외로 많은 적설량에 방방곡곡에서 눈사태로 인한 피해와 많은 난제들이 쏟아졌다.

2010년 1월 9일 교회 행사가 있어 문밖을 나서던 중 구청이나 주민 센터에서 파견된 취로사업자 청소부들 10여 명이 제설작업을 하고 있었다.

나는 늘 그랬듯이 차고 안으로 들어가 기도실에서 기도를 마치고 차 시동을 걸고 나오면서 청소부들과 마주쳤다. 예사롭지 않은 눈초리를 한 두세 명의 남자 청소부를 조심스럽게 스쳐 지나 교회로 향했다.

언제나 그렇듯이 교회가 없으면 어디에서 이러한 위안과 감동과 평화와 자유가 있을까 하며 많은 은혜를 받고 감사한 마음으로 귀가하여 차를 차고에 넣으려는데 주위를 살펴보니 다른 집 앞은 제설 작업이 모두 깨끗이 잘 되었는데 우리집 앞과 바로 옆집 세 사는 집만 제설 작업이 안 되어 부끄럽기 그지 없었다. 순간 아침에 눈초리가 예사롭지 않았던 청소부가 떠올랐다.

그가 불의한 청지기라는 생각과 동시에 악인도 악한 날에 사용한다는 성경구절이 떠오르며 자각하고 반성의 기회를 가질 수 있었다.

또한 성령께서 회개의 영을 내려 주심도 체험했다. 이 지역에서 구의원(2회)을 지낸 자칭 지도자 급이면 차에서 내려 수고들 하신다고 위로와 격려를 했어야 당연히 올바른 처신이었을 것이다.

바르지 못한 처신에 얼굴을 붉히며 하나님께 한없이 울부짖는 회개의 기도를 드렸다. 그리고 잘못을 용서바라는 마음으로 살을 에이는 추위에 손을 호호 불며 손수 삽을 들고 옆집까지 깨끗하게 다 치웠다. 어찌나 힘이 들고 숨이 차든지 헐떡이며 땀을 흠뻑 적셨다. 젊었을 때는 단숨에 해냈을 일인데 나이 들었음을 새삼 느끼며 마음속 깊은 곳에서 하나니-임 하고 안기어 불러본다.

힘은 좀 들었지만 회개도 하고 집앞도 깨끗이 치우고, 운동도 잘 한 셈이니 아내가 차려주는 밥상이 더욱 진수성찬이 되고 하나님께 감사와 경배를 올림이니 이것이 바로 새옹지마가 아니던가.

|해설|

하나님, 사랑과 영혼의 꽃밭을 엮는 시인

/ 박해수 /
(시인, 문학박사)

시, 천국에 모여 사는 아름다운 꽃밭, 좋은 시는 사람이 고르는 것이 아니라 하늘에서 골라낸다.

좋은 시는 시의 장력(張力)과 활력(活力)은 치유와 재생의 무한한 힘, 영혼의 부활을 노래한다.

하나님, 사랑과 영혼의 꽃밭을 엮어 가는 시인 조성언의 첫 시집 『영혼의 꽃』은 하나님의 뜻을 따라 사는 시인의 삶, 삶을 거룩한 사랑으로 모아 신앙의 시편들과 틈틈이 써온 신앙체험의 산문이 맑고 깨끗한 영혼의 울림으로 다가온다.

조성언 시인의 첫 시집 『영혼의 꽃』에서 "3男의 찬가"의 시 전문에서 드러나는 시인의 시 속에 새문안 교회의 장로로서 엮어내는 신앙의 역사와 새문안 교회의 인고(忍苦)의 세월을 지낸 124개의 주름진 나이테 그 역사를 알 수 있다.

축복이 머문 새문안/ 인고의 세월 124개의 주름진 나이테/ 이 터 위에 3男이 멍석을 폈다.//

밤하늘에 별빛이 흐릴지라도/ 태양 같은 눈동자/ 동쪽과 서쪽, 남쪽과 북쪽에서 빛을 비추니/ 아멜렉이 달아나고 불레셋이 도망친다.//

3男이 힘을 뭉쳐 한 몸 되어 나아가니/ 새 성전이 눈앞에 다가와 아롱 아롱/ 새 생명이 돋아나고 이방인이 몰려든다.//

여기에, 젊음의 기상 예수의 피 끓어/무거운 짐 맡아 샬롬의 꽃피울.//

대한민국의 미래, 새문안의 희망, 큰 꿈 이룰,/ 3男 3男 3男이여./ 여호와 닛시의 깃발 영원히, 영원히 휘날리리…

"3男의 찬가" 시 전문을 인용한 것은 시인이 직접 신앙의 교회를 일군 새문안 교회의 역사를 대한민국의 미래 새문안의 희망, 큰 꿈 이룰 3남, 대한민국의 미래, 새문안의 희망, 큰 꿈 이룰,/ 3男 3男 3男이여. 여호와 닛시의 깃발 영원히, 영원히 휘날리리…/ 라는 간절한 희망과 염원, 희구(希求)를 기원하는 간절하고 애틋한 시인의 청결한 희망과 기도, 기원의 목소리가 진솔하고 진지하게 표현되어 있음을 인지(認知) 할 수 있기 때문이다.

존 밀턴은 진리를 광선(光線)에 비유했다. 빛이 너무나 강렬했기 때문에 어떤 손으로도 그것을 더럽힐 수 없기 때문이리라. 시인의 시에 존 밀턴의 영감(靈感)과도 같은 태양 같은 눈동자/ 동쪽과 서쪽, 남쪽과 북쪽에서 빛을 비추니/ 아멜렉이 달아나고 불레셋이 도망친다./ 성경에 나오는 아말렉, 불레셋이 도망치는 영험(靈驗)의 기도가 내밀하게 숨어 있다.

불행은 부엉이처럼 햇빛을 피한다. 햇빛, 광선은 어둠을 번뇌를 불안 초조 슬픔을 거두어 간다.

시인은 건강한 신앙생활에서 우러나온 하나님의 빛으로 은총의 삶을 투명하게 3男의 찬가속에 3男 3男 3男이여./ 여호와 닛시의 깃발 영원히, 영원히 휘날리리…/ 라는 시인의 기도 희구(希求)가 뜨겁게 타오르고 있다.

시인의 아름다움 시인의 청정한 마음으로 시인의 순결한 눈으로 눈물을 노래한다.

아리스토텔레스의 카타르시스, 정화(淨化)의 순연(純然)한 물빛이 눈물이 아닌가.

시인의 눈물 속에는 참회, 기도, 감동, 기쁨의 눈물, 영탄의 눈물, 감격의 눈물이 아니겠는가.

눈에서 흐르는 물/ 깊은 곳 사나이 눈에

깊은 산속 감추인 샘/ 아무도 모를 비밀의 샘
천사가 관리하는/ 마르지 않는 생수
기도할 때 작동하는 성령의 키/ 감동의 눈물 흘러내릴 때
세상 것 온전히 밝고 맑은/ 기쁨의 눈물은 예수의 선물.

—"눈물" 전문—

세상 것 온전히 밝고 맑은/ 기쁨의 눈물은 예수의 선물/. 시인은 모든 삶의 전부를 예수님의 선물로 기도, 영성, 성령, 예수의 선물, 감동의 눈물, 천사가 관리하는 / 마르지 않는 생수로 표현하고 있다.

생명의 원천, 삶의 원천을 성경 속 예수님의 삶을 회억(回憶) 하며 시인은 슬픔의 눈물이 아니라 기쁨의 눈물, 희망의 눈물, 생명의 눈물, 영원의 눈물을 흘리고 있다.

조성언 시인의 시는 철두철미(徹頭徹尾) 기독교 신앙의 모태에서 시의 원천을 표현하고 있다.

시인은 신앙과 시 속에서 눈물과 기쁨, 희열을 느끼며 삶을 건강하게 살아가고 있다.

생명의 원천, 삶의 원천을 영원의 삶으로 도달하려는 시인의 신앙에서 우러나오는 견실한 믿음과 희망, 소망, 사랑은 그의 모든 시 전편에 은총의 나래를 곱게 펴고 빛나고 있다.

소박하고 꾸밈이 없는 간결한 눈물의 시 속에 사나이, 예수의 족적(足跡), 남긴 발자취를 따라 조성언 시인이 따라가고 있는 듯하다.

삶은 험한 산길 꽃 사이로 흘러가는 샘물이 산골짜기 돌 틈으로 비키어 가는 샘물같이 시인의 생명력과 자연의 원동력을 미세한 시인의 촉광으로 샘물같이 건져 올린다.

그 속에 인간적 삶의 편린 생활의 아픔이 어찌 녹아 있지 않겠는가?

"넥타이 연가" 속에 시인의 고뇌와 삶의 궤적이 지나간다. 엘림파크 넥타이 속에 시인의 삶, 고뇌도 젖어 있다.

언젠가(37년 13,505일 324,120시간)/ 전 예정가운데 미리 정하시고/ 나와 평생 동반자로 묶어 걸음하게 하신/ 귀한 그분께 머리 숙여 감사드린다.

월셋방 살 때부터/ 고난도 기쁨도 함께한 사랑스런 너.(넥타이)/ 나의 삶에 일부가 되어 생사고락도 같이하니/ 융통성 없고 우둔한 나와/ 어찌도 그리 닮았는고.

때로는 글로벌 시대에 맞게/ 세계 여러 사람들과도 만나게 되고,/ 아름다운 추억도 있었지

연약한 우린/ 필연적인 만남이 되어 하나가 되었네./ 힘을 모아 뜻을 모아주기도 하고/ 나누기도 함께 하니 마음 뿌듯하

구나.

월셋방, 고난, 기쁨, 넥타이 삶, 생사고락, 필연적, 동반자라는 시어 속에 질긴 삶의 몸부림과 믿음의 은총, 한 우물을 파는 시인의 높은 기개(氣概)와 의지, 가난한 삶에서 비롯된 초지일관(初志一貫), 하나님의 은총, 샘물, 믿음과 의지, 든든한 삶의 욕구가 오늘날 시인으로 장로로, 성공한 넥타이 기업인으로 시인의 현주소가 되어 시인의 초상화가 되었다.

너를 만든 나를/ 아무리 무시하고 비웃는다 한들/ 네가 나를 배신 않고/ 내가 너를 사랑하는데/ 그 어둠이 우릴 어찌하겠느냐. 우리함께 비웃는 그들을 저주 말고/ 축복 기도하며 하나님께 맡기자.

신앙고백, 가장 뜨겁고 진솔한 시구가 아닌가? 고난과 역경, 비난과 배신, 무시당하고 아픔을 당하는 고통을 승화(昇華)시켜 나가는 시인의 축복기도가 삶의 기쁨으로, 내적 치유의 성령으로 바뀌는 삶의 기쁨을 더욱 충일(充溢)하고 성실한 삶의 기쁨으로 가는 길이 아니겠는가?

보이지 않는 곳에서/ 우리와 늘 옆에서 도우시는 고엘의 하나님께/ 목숨 바쳐 생명 바쳐 죽도록 충성하세

넥타이 연가의 끝 부분이다.

기업인으로 시인으로 장로로 뽐냄이 없이 오로지 고엘의 하나님께 의지하고 충성 다하는 시인의 깊은 신앙의 뿌리와 시의 원천은 영원한 생명의 길로 가는 "여호와를 경배함이 지식의 근본"이라는 성경 말씀 속에 단초가 있고 뿌리가 있다.

현철품(賢哲品), 자기를 속이거나 자기 속에 숨지 말라, 탐욕은 어리석음을 업고 다닌다.

시인은 삶을 살아가는 데 최선을 다함에 있다.

조성언 시인의 시의 근본뿌리는 그의 열렬한 신앙심의 원천 기독교적 신앙의 바탕에서 시의 원전(原典)을 찾아내야 한다.

형왕영곡(形枉影曲)이란 말이 있다 물체가 구부러지면 그 그림자도 구부러진다.

시인은 자기 삶의 아름다움을 꽃피우는 창출이다. 사랑, 희생, 용서, 화해, 믿음, 소망의 뿌리이다.

꽃은 음지에서 피고 양지에서도 핀다. 그러나 꽃은 어디에서든 아픔과 고통을 딛고 최선의 아름다운 꽃을 피워낸다. 자신의 삶에 최선을 다하는 모습, 극복하는 모습이 진정 한 인간으로서, 시인으로서의 아름다운 모습이 아니겠는가

시인이 꽃이 되는 길, "영혼의 꽃"이 되는 모습일 것이다.

달리고 싶다.

푸르른 꿈 깃발 들고/ 이천년 유유히 흐르는 진리의 장막 속으로

영혼을 일깨우는 보혈의 교정/ 느지막이 펼쳐진 늦깎이 우정/ 우릴 의좋은 형제로 맞아준다.

섬김의 지팡이 들고/ 늦은 만남의 타오르는 희망봉으로/ 달리고 싶다.

주저리 주저리 예수열매 매달린/ 엘림의 종려나무 쉼터에/ 찬미가 울려 퍼지는

여기 장신4기의 벗들/ 영원하라 주님 품속에서.

"영혼의 꽃" 시 전문이다.

영혼을 일깨우는 보혈의 교정/ 느지막이 펼쳐진 늦깎이 우정/ 우릴 의좋은 형제로 맞아준다./

하나님과 맺어진 우정, 영혼을 일깨우는 보혈의 교정, 시인은 참으로 깨닫는 자의 기쁨 속에 살고 있다. 하나님의 믿음이 삶 속에 뿌리를 내리고 있다.

조성언 시인의 가슴 속에 하나님이 함께 살고 계신다.

세상에는 아름다운 삶이 있는가 하면 아름답지 못한 삶이 있고, 참으로 기쁜 삶이 있는가 하면 스치어 지나기에도 서러운 삶이 있다.

시인은 오늘의 삶을 하나님과 함께 하는 삶으로 지극히 아름다운 삶, 하나님의 삶, 시 속의 삶을 살아가고 있다.

시의 표현, 기교, 상징, 시어, 시의 어법, 비유, 은유, 시의 완성도는 어쩌면 사람이 쓰는 기교이다.

조 시인은 기교보다 생명, 삶의 원천, 신앙의 원천을 찾아 가는 시로써 영원성의 회귀로 귀환하는 시일 것이다.

이 세상 삶의 존재란 나그네와 같다.

매일 새벽 동이 트면 새로운 삶의 만남과 사랑, 기쁨, 슬픔, 절망과 희망, 행복, 그리움과 아픔, 고통과 좌절, 그리움과 추억, 상처와 미움, 시기와 질투들이 정교하게 묶어져 마음의 세계, 영혼 길을 묶어 낸다. 삶의 시련, 고통과 아픔, 상처도 잘 닦여지면 별이 된다.

별 밭이 된다, 시 하늘이 된다, 시의 천국이 된다.

시가 천국에 산다. 삶을 시로 바라보라, 행복과 고통이 별이 된다 .

시가 된다. 하늘에 시가 걸렸다. 영혼의 아름다움이 시가 된다. 영혼의 꽃이 된다. 주님의 품 속이 된다.

이천년 유유히 흐르는 장막 속으로 시가 걸어간다.

시인은 주님의 품속에 영혼의 꽃이 되어 시가 되어 걸어간다. 하나님을 만나러 간다.

"섬김의 지팡이 들고 늦은 만남의 타오르는 희망봉으로 달리고 싶다." 라는 시어로 압축되어 있다.

칠흑 같은 흑암 속에서/ 광음 소리와 함께 우주 만물이 탄생했다.

선한 실체를 품고/ 7,80년 전 예정된 한알의 씨가 땅에 묻혔다.

세상 온갖 풍파 다 겪으며, 파란 꿈 가득 실은 봉우리/ 가지마다 파릇파릇 돋아나 무성히 자태를 펼친다.

이곳에, 감추인 하늘의 보석들이/ 아름다움에 깃들여 반짝반짝 빛을 발한다.

쉰 머리 굽은 허리 굽이굽이 패인 골짜기마다/ 포근한 온기가 쌓여 생명수로 흘러내린다.

산을 짜 내린 진액 아낌없이 바치고 싶어/ 오늘도 성산에 숨가삐 올라/ 예수의 피 적셔 함성을 토한다.

사랑을 한 움큼 움켜쥔 샤론의 꽃 피워/ 세세토록 주고픈 마음 가득히, 벌과 나비 기다리며

묻혔던 한 알의 밀알 풍성한 열매로/ 영원한 부활 생명 영원히 영원히 대를 이어간다.

샤론의 꽃 전문이다. 성경의 창세기편에서 우주만물 탄생을 노래한 첫 연에서 7, 80년 전 예정된 한 알의 씨, 밀알, 영원한 부활, 생명, 시인은 인간 삶의 존재란 나그네와 같음을 샤론의 꽃으로 피우고자 한다. 영혼

의 꽃으로 피우고자 한다.

부활 생명의 꽃으로 피우고자 한다. 시인의 뜨거운 열망이 "샤론의 꽃"에 피고 있다

영혼의 불, 영혼의 꽃을 피우고자 한다. 지혜는 타고난 별 속에서 반짝인다.

하나의 기쁨, 하나의 깨달음 속에는 천 개, 만 개의 고통이 달려 있다.

시인의 미소는 헤아리심 속에 우러나온다. 헤아린다는 것, 지혜의 향기, 영혼의 향기, 샤론의 꽃 속에 있다. 지혜는 배우는 것이 아니라 타고난 별 속에 반짝인다

다시 태어남이다. 무지(無知)와 무명(無明)속에 벗어나고자 하는 혜안, 지혜를 찾아나가고자 하는 혜안, 샤론의 꽃은 사랑이다. 예수의 피가 적셔진 사랑이다.

세상 온갖 풍파, 시련 겪으며 피워 올리는 사라의 꽃, 영혼의 꽃, 샤론의 꽃이다.

은총의 꽃이다. 모든 이에게 모든 것이 되는 버림의 꽃이다.

시의 진원지요, 삶의 진원지요, 신앙의 진원지 샤론의 꽃, 영혼의 꽃이다.

시인은 자연과 인간을 진솔하고 소박하게 표현하고 있다.

우주 안에 바다인가?/ 만드신 그분은 얼마나 크실까?
자연속에 묻혔던 20대 추억/ 찬물 마다않고 3주간 매일 적

셨던/ 경포대 푸른 물결.

예순이 훌쩍 넘긴 세월에/ 지난 날들을 더듬어 본다.

머-언 옛적에도 머-언 훗날에도/ 자연은 아름다운 추억을 엮어갈 것이다.

젊은이들과 바나나 보트에 올라탔다

자연에 묻히고/ 햇빛을 안고 바람을 마시며/ 파도에 묻혀/ 바나나 보트에 몸 맡겨 한없이 달린다

바다 한복판 보트가 뒤집혔다/ 겁에 질린 20대 젊은이들 울상이다 실제로 운다./ 괜찮아 걱정 하지마아 염려 하지마아/ 구명조끼 예수님 있잖아.

믿음의 경륜이 소리를 질러댄다./ 이것이 무용담이 될 줄이야.

자연과 바다 그리고 하나 찬양대원들 한없이 영원하리.

시인은 성경 창세기 편에서 21C의 '바나나 보트', '구명조끼 예수', 자연과 바다, 찬양대원까지 눈여겨 보고 있다. 염려 하지마아, 믿음과 소망, 겁, 예순, 20대 추억까지 등장하면서 시인은 믿음의 경륜으로 영원을 노래하고 있다.

'르네 쟈라르'의 책 제목 『나는 사탄이 번개처럼 떨어지는 것을 본다』라는, 보트가 뒤집혀 겁에 질린 20대가 울상을 짓고 실제로 운다는 시 구절은 사탄이 번개처럼 내리는 공포의 아픔이다. 바다를 만들고 천지창조 우주를 만든 그분에 의지하지 않는 믿지 못하는 괴로움과 공포, 고통이 사탄이 번개처럼 내리는 알레

고리 역설의 풍자 해학이다.

인생은 일인분이다.

인생은 일인분, 머리 하나마다 일인분의 인생이다.

믿음 없는 불길한 사탄의 인생 버려야 한다. 영원의 삶 신앙의 모습으로 영원한 삶의 모습으로 번개처럼 사탄을 버려야 한다.

악을 행하고 스스로 또 행하는 것은 마치 금강석으로 보석을 뚫는 것과 같다

원인과 결과는 일치한다. 구체적인 결과는 눈에 보이지 않는 어떤 행위가 안에 존재 했으므로 생기는 것이다.

삶 또한 죽음과 함께 있어서 언제나 죽음의 하나 하나를 지켜봄과 같다. 결과적인 것은 사상 속에 행해지는 것이 아니라 사탄이 번개처럼 떨어지는 것을 보듯이, 바다 한복판 보트가 뒤집히듯이 우리는 구명조끼 예수님을 붙들어야 한다고 시인은 영원을 노래하고 있다.

광대하고 늘 푸른 창공/ 광명한 햇빛

오묘한 달과 별/ 산천초목 땅과 바다

그리고 새문안 수양관

아름다운 풍경화로 색칠하였다.

여기에 당신과 나/ 우리 만남은 우연이 아니었어/ 샤론의 꽃 피울 꿈꾸며 하나 되었네.

스물여섯해 동안/ 기쁨도 아픔도 함께 걸어와/ 품은 꿈 날갯짓 하며 또 걷는다.

기도 성산에 올라/ 감추인 은사 터쳐내 향기 풍길때/ 코와 혀가 반기며 미소 띄운다.

예수의 피 끓는 한 마음으로/ 여호와 닛시의 깃발 펄럭이며/ 복음을 뻗친다.

만남이란 시의 전문이다. 만남의 시는 그의 산문 속에 시에 대한 설명이 나온다.

새문안 수양관 그 속에서 시인은 광대하고 늘 푸른 창공, 광명한 햇빛을 만난다.

샤론의 꽃 피울 꿈꾸며 만나다. 시인의 시는 솔직 담백하다 간결하다.

기교가 없다. 하나님의 말씀 같은 간명한 메시지이다. 우울하지 않다. 희망과 밝음, 삶과 죽음을 뛰어넘은 날개 짓, 아름다움이다. 자기를 속이거나 자기 속에 갇혀 있거나 자기 속에 숨지 않는다.

시에 주요한 상징이나 비유, 은유, 시어의 유희, 말의 희롱, 시의 난해성, 난독의 위험이 없다.

생각과 상상, 직관, 신앙의 근본 뿌리가 시의 핵(核)이 되고 있다.

누구나 읽으면 시를 이해한다. 시의 지식과 교육, 시의 기교, 상징, 언어, 시어사전, 국어사전을 찾거나 전문적인 지식이 없어도 지혜로 헤아리게 된다.

조성언 새문안교회 장로시인은 하나님의 말씀과 시인의 삶을 직설적이고 소박, 진솔하게 표현해내는 꾸밈없는 자연 그대로, 하나님 모습 그대로 드러내는 시인이다.

조성언 시인의 시와 산문, 시에 대한 자작시 배경도 있다.

잠깐 그의 산문을 살펴보면 "병영의 아들", "청계천을 걸으며", "결혼기념일" 등 일곱 편이 들어 있다.

"결혼기념일"은 "만남" 시에 대한 배경, 시 해설에 대한 시인의 솔직한 고백록의 내용이다.

"병영의 아들"은 군에 간 아들에 대한 아버지의 따뜻한 부정(父情)이 아로새겨져 있다. 시집 『영혼의 꽃』 부록편인 듯 군에 간 아들의 애틋한 사랑이 꾸밈없는 부정(父情)의 실오라기를 끌어낸다. 다정다감한 시인의 삶의 편린이 소박하게 그려지고 있다.

"청계천을 걸으며"는 일상사(日常事)의 생활이 청계천 속의 풍경 속으로 스며든다.

무릇 시인이란 상상의 우주를, 그리고 인간의 내밀한 정서를 교직(交織) 해내는 하늘의 전령사이다.

조성언 시인의 첫 시집 『영혼의 꽃』은 하나님 예수를 찾아가는 새문안교회 장로 시인으로 하나님 말씀과 예수 성령을 찾아가는 시인의 솔직 담백함이 그의 시 전편에 아우라로 아로새겨져 있다.

조성언 기독교 새문안장로 시인의 첫 시집 『영혼의 꽃』이 시를 사랑하는 사람들의 가슴속에 아로새겨져 하나님 뜻과 함께 살아가는 신앙인의 가슴속에 영원히 빛나는 영혼의 꽃, 사람들 가슴속에 다시 되새겨지는 시집으로 깊이 깊이 인각(印刻) 되어져 시 천국에 사는 시집이 되기를 기원 드린다.